Reihe: Meilensteine Deutsch

Thomas Heinrichs (Hrsg.)
Anne Heinrichs, Susanne Lethert

Lesestrategien

Klasse 1/2, Heft 2

* Hier kannst du einen Namen einsetzen.

Ernst Klett Verlag
Stuttgart · Leipzig

- ☐ etwas zu Autos
- ☒ etwas zu Flugzeugen
- ☐ etwas zu Lokomotiven

In diesem Buch findest du …

- ☐ etwas zum Wetter
- ☐ etwas zu Tieren
- ☐ etwas zum Lachen

- ☐ etwas zum Raten
- ☐ etwas zum Kochen
- ☐ etwas zum Basteln

- ☐ etwas zum Knobeln
- ☐ etwas zum Angeln
- ☐ etwas zu Fischen

- [ ] etwas zu Tieren
- [ ] etwas zu Experimenten
- [ ] etwas zu Gesundheit

- [ ] etwas über Blumen
- [ ] etwas über Fußball
- [ ] etwas über Autos

- [ ] etwas zum Bauernhof
- [ ] etwas zum Schiffsbau
- [ ] etwas zum Weltall

- [ ] etwas über Pferde
- [ ] etwas über Wald und Wiese
- [ ] etwas über Zaubertricks

Welches Buch passt? Schreibe auf.
Tipp: Der Büchertisch hilft dir.

Gabi: „Wie schreibt man das Wort *Regenbogen*?“

Buch: Mein Wörterbuch

Welches Buch passt?

Theo: „Ich möchte Piratenwitze lesen."

Buch: ______________________________

Anne: „Ich suche ein Gedicht über den Frühling."

Buch: ______________________________

Christian: „Ich suche das Märchen von Schneewittchen."

Buch: ______________________________

Susanne: „Mein Kater Ferdinand ist krank.
Ich muss den Tierarzt anrufen."

Buch: ______________________________

Thomas: „Wie kommen die Streifen in die Zahnpasta?"

Buch: ______________________________

Anke: „Lara hat Geburtstag.
Ich möchte ihr einen Kuchen backen."

Buch: ______________________________

Leo: „Ich möchte etwas zu Pippi bei den Elefanten lesen."

Seite: 11

Pippi Langstrumpf

Inhaltsverzeichnis

Ulla: „Ich möchte etwas zu Pippi und den Clowns lesen."

Seite: ________

Peter: „Ich möchte etwas zu Pippis Bauchweh lesen."

Seite: ________

Sabrina: „Ich möchte etwas zu Pippi und den Pferden lesen."

Seite: ________

Sinem: „Ich möchte etwas zu Pippis Rechenkünsten lesen."

Seite: ________

Udo: „Ich möchte etwas zu Pippis Abenteuern auf dem Meer lesen."

Seite: ________

Claudia: „Ich möchte etwas zu Pippi und den Affen lesen."

Seite: ________

Paul: „Ich möchte etwas zu Pippi auf dem Riesenrad lesen."

Seite: ________

Wo musst du lesen? Trage die Seitenzahl ein.

Leo: „Was fressen Marienkäfer eigentlich?“

Seite: 8

Der Marienkäfer

Inhaltsverzeichnis

Seite

Ellen: „Bringen Marienkäfer Glück?“

Seite: ________

Frank: „Halten Marienkäfer Winterschlaf?“

Seite: ________

Uwe: „Leben Marienkäfer auch in England?“

Seite: ________

Aaron: „Sehen Marienkäfer alle gleich aus?“

Seite: ________

Helga: „Fressen Marienkäfer nur Läuse?“

Seite: ________

Timo: „Sagen mir die Punkte, wie alt der Marienkäfer ist?“

Seite: ________

Fatma: „Fressen Vögel Marienkäfer?“

Seite: ________

Augentraining und Gehirngymnastik

Wie viele Blumen von
jeder Sorte gibt es?
Zähle und trage ein.

Augentraining und Gehirngymnastik

Was passt zusammen?
Male jedes Paar in der
gleichen Farbe an.

Was passt nicht?
Streiche durch.

Der Tisch hat vier	Beine	~~Nase~~	.

Das Gras ist	Wald	grün	.
Die Blumen sind	Wiese	bunt	.
Die Katze ist	müde	Korb	.
Fußball macht	Tor	Spaß	.
Im Winter ist es	kalt	Schnee	.
Das Haus ist	bauen	groß	.
Schokolade schmeckt	braun	süß	.
Das Buch ist	lesen	spannend	.

Die Limonade schmeckt | gelb | lecker | .

Ich mag | grün | gerne | Spinat.

Ziegen geben | Milch | teuer | .

Das | Kissen | Fenster | ist weich.

Möhren sind | blau | gesund | .

Das Eis | schreit | schmeckt | lecker.

Die | Sonne | Strand | scheint.

| Wolken | Wäsche | ziehen am Himmel.

Das Fahrrad | ist | hat | zwei Bremsen.

Der Stuhl steht | am | im | Tisch.

Das Fenster | ist | kann | geputzt.

Paul mag Schokolade,
denn sie ist süß.

| süß | sauer | sonnig |

Die Katze fängt ______________________________ .

| Elefant | Brot | Mäuse |

Bienen gehören zu den ______________________________ .

| Pflanzen | Insekten | Fischen |

Wolken bringen ______________________________ .

| Regen | Computer | Kleber |

Im ____________________ fallen die Blätter von den Bäumen.

| Sonne | Herbst | Keller |

Ein ______________________________ ist ein junges Pferd.

| Fohlen | Maulwurf | Kuh |

Die ____________________ ist eine wichtige Erfindung.

| Wolke | Schnecke | Glühbirne |

Eisbären haben ein dichtes ______________________,

damit sie nicht frieren.

Krallen	Fell	Augen

Äpfel sind ______________________________________,

denn sie enthalten viele Vitamine.

krank	müde	gesund

Piraten leben auf _________________________________

und sie fahren auf dem Meer.

Schiffen	Bäumen	Fischen

Wasser ist _______________________________________,

denn ohne Wasser können wir nicht leben.

unwichtig	trocken	wichtig

Vulkane sind ganz besondere ____________________,

denn sie spucken manchmal Feuer.

Wiesen	Berge	Dörfer

Was fehlt? Schreibe auf.

Die Straße ist *nass*,
denn es hat geregnet.

trocken	nass	sauer

Genügend ______________________ ist wichtig,

um sich zu erholen.

Schlaf	Sessel	Kissen

Vergiss deinen ______________________ nicht,

denn er schützt dich beim Fahrradfahren.

Lenker	Sattel	Helm

Der ______________________ klingelt jeden Morgen,

damit ich nicht verschlafe.

Hahn	Wasserkocher	Wecker

Der Kuckuck ist ein Vogel und legt seine Eier in fremde

______________________________________.

Nester	Hütten	Käfige

Das Kamel kann in der Wüste leben,

denn es kommt viele Tage ohne ____________________ aus.

Schokolade	Wasser	Äpfel

Das Schaf ist nützlich,

denn es gibt uns Milch, Fleisch und ____________________.

Wasser	Wolken	Wolle

Der Regenwurm gräbt viele Gänge

und macht so die Erde ____________________.

locker	süß	steinig

Das ____________________ hat Striche und Zahlen.

Man kann damit messen.

Wörterbuch	Lineal	Heft

Bananen, ____________________ und Äpfel

sind Obst und schmecken gut.

Wurst	Käse	Kirschen

Das Auto hat vier Räder.
Mein Vater fährt mit dem Auto zur Arbeit.
Nachts steht das Auto in der Garage.

Der __________________ ist ein Tier.

Der __________________ ist grau.

Der __________________ macht: IA.

Der __________________ steht im Wald.

Der __________________ hat Blätter.

Der __________________ hat Äste, Stamm und Wurzeln.

Mit __________________ kann man etwas kaufen.

__________________ gibt es in Scheinen und Münzen.

Wenn man reich ist, hat man viel __________________.

Das __________________ ist aus Papier.

Das __________________ hat viele Seiten.

Ich kann in einem __________________ lesen.

Jeder Mensch hat eine ________________.

Die ________________ ist im Gesicht.

Mit der ________________ kann man riechen.

In meinem Mäppchen ist die ________________.

Ich brauche die ________________ zum Basteln.

Mit der ________________ kann ich schneiden.

Der ________________ ist ein Tier.

Man findet den ________________ auf Wiesen und Feldern.

Der ________________ hat Stacheln.

Jedes Haus hat ________________.

Die ________________ sind aus Glas.

Die ________________ bringen Licht ins Haus.

Die ________________ ist klein und spitz.

Mama braucht die ________________ zum Nähen.

In einem ________________ ziehen die Vögel

ihre Jungen groß.

Ich gehe in die Bücherei,

- [x] um ein Buch auszuleihen.
- [ ] um zu essen.
- [ ] um zu schlafen.

Die Sonnenbrille schützt

- [ ] meine Nase.
- [ ] meine Augen.
- [ ] meinen Mund.

Lisa kauft Buntstifte,

- [ ] um zu lesen.
- [ ] um zu singen.
- [ ] um zu malen.

Uwe geht
auf den Spielplatz,

- [ ] um zu schaukeln.
- [ ] um zu trinken.
- [ ] um zu weinen.

Mama besucht Oma
im Krankenhaus,

- [ ] weil Oma die Fenster putzt.
- [ ] weil Oma krank ist.
- [ ] weil Oma einen Hund hat.

Papa schenkt Mama Blumen,	☐ weil Mama Geburtstag hat. ☐ weil Oma Geburtstag hat. ☐ weil Papa Geburtstag hat.
Igel rollen sich ein,	☐ um Computer zu spielen. ☐ um ein Buch zu lesen. ☐ um sich zu schützen.
Im Winter ziehe ich mich warm an,	☐ damit ich nicht schwitze. ☐ damit ich nicht friere. ☐ damit ich nicht lache.
Ich gehe zum Tierarzt,	☐ weil mein Hund vier Beine hat. ☐ weil mein Hund schwarz ist. ☐ weil mein Hund humpelt.
Ich gehe früh schlafen,	☐ damit ich morgen in der Schule fit bin. ☐ damit ich morgen in der Schule satt bin. ☐ damit ich morgen in der Schule müde bin.

Was passt? Kreuze an.

Lukas mäht den Rasen.

☐ Sie hat heute endlich Zeit dafür.
☒ Er hat heute endlich Zeit dafür.
☐ Es hat heute endlich Zeit dafür.

Unser Kater Bruno kann Türen öffnen.

☐ Sie schleicht durch die Küche.
☐ Es schleicht durch die Küche.
☐ Er schleicht durch die Küche.

Meine Mutter besucht einen Nähkurs.

☐ Er näht sich ein Sommerkleid.
☐ Es näht sich ein Sommerkleid.
☐ Sie näht sich ein Sommerkleid.

Meine Freundin Claudia spielt Fußball.

☐ Sie trainiert beim 1. FC Köln.
☐ Er trainiert beim 1. FC Köln.
☐ Es trainiert beim 1. FC Köln.

Das Kind nennt sein Kaninchen Hoppel.

☐ Es findet den Namen schön.
☐ Er findet den Namen schön.
☐ Sie findet den Namen schön.

Holger wühlt alle Schubladen durch.

- ☐ Sie will aufräumen.
- ☐ Er sucht seine Armbanduhr.
- ☐ Es will sauber machen.

Karin bepflanzt das Blumenbeet.

- ☐ Er holt den Rasenmäher.
- ☐ Es holt sich die Gartenmöbel.
- ☐ Sie hat fünf Tulpen gekauft.

Endlich Ferien! Anne fährt in Urlaub.

- ☐ Sie tankt vorher ihr Auto voll.
- ☐ Er muss noch Koffer packen.
- ☐ Es muss noch an vieles denken.

Morgen schreibt Elke einen Rechentest.

- ☐ Es muss nichts mehr dafür tun.
- ☐ Sie muss noch dafür üben.
- ☐ Er hat keine Angst davor.

Timo möchte keinen Tee. Er möchte lieber eine Limo trinken.

- ☐ Ihm ist heiß und er hat Durst.
- ☐ Ihr ist heiß und sie hat Durst.
- ☐ Ihm ist heiß und es hat Durst.

Augentraining und Gehirngymnastik

Wie oft habe ich
mich im Gebüsch versteckt?
Male mich an.

Lösungszahl: ________

Augentraining und Gehirngymnastik

Übersetze die Botschaft
und schreibe deinen Namen
in Geheimschrift.

⊥	•	+	∞	~	ω	∴	Θ	Ψ	↑	↓	×	〉
A	**B**	**C**	**D**	**E**	**F**	**G**	**H**	**I**	**J**	**K**	**L**	**M**

ϒ	ϑ	Σ	♣	ℵ	∗	♡	↲	≈	±	∂	♠	↔
N	**O**	**P**	**Qu**	**R**	**S**	**T**	**U**	**V**	**W**	**X**	**Y**	**Z**

〉 ~ Ψ ϒ ~

∴ ~ Θ ~ Ψ 〉 ∗ + Θ ℵ Ψ ω ♡

Lösung: ______________________________

____

Schreibe deinen Namen in Geheimschrift:

____

____

Ritter

Kleidung

Sie sind tapfer.

Schal und Mütze halten warm.

Meine Hose ist schmutzig.

Sie können reiten.

Viele besitzen ein Pferd.

Sie haben ein Schwert.

Manche Schuhe sind aus Leder.

Die blaue Hose mag Rudi am liebsten.

Sie leben auf großen Burgen.

Die Bluse muss gewaschen werden.

Schulsachen

Spielsachen

Bald darf ich mit dem Füller schreiben.

Laura flechtet ihrer Puppe Zöpfe.

Das ferngesteuerte Auto braucht neue Batterien.

Mein Stoffhase heißt Anneliese.

Maike muss ihren Bleistift spitzen.

Lillis Schreibheft ist blau.

Mama will mir keinen Tintenkiller kaufen.

Udos Ranzen ist total verschmutzt.

Ninas Stiftemappe muss geordnet werden.

Marco liebt seinen Teddy über alles.

Unterstreiche die Antwort im Text. Schreibe sie in die Lücke.

<u>Sandra</u> mag gerne Eis.

Wie heißt das Mädchen?

Das Mädchen heißt *Sandra*.

Ankes Freunde

Anke hat fünf Freunde.

Sie heißen Sebastian, Konrad, Benjamin,

Tobias und Thomas.

Das ist Anke immer zu lang.

Anke nennt sie Sebi, Konni, Benni, Tobi und Tom.

Wie nennt Anke ihren Freund Sebastian?

Anke nennt Sebastian ______________________________.

Wie heißt Tom eigentlich?

Tom heißt eigentlich ________________________________.

Wie viele Freunde hat Anke?

Anke hat __________________ Freunde.

Susannes Marienkäfer

Susanne hat einen Marienkäfer aus Stoff.

Er heißt Josef.

Wenn Susanne friert, steckt sie ihre kalten Hände unter Josefs Flügel.

Das ist richtig gemütlich.

Wie heißt das Mädchen?

Das Mädchen heißt ______________________________.

Welches Stofftier hat sie?

Sie hat einen ___________________________________.

Wie heißt das Stofftier?

Das Stofftier heißt ______________________________.

Wohin steckt Susanne ihre kalten Hände?

Susanne steckt ihre Hände _________________________

____.

Lars erzählt gerne Gute-Nacht-Geschichten.

Wie heißt der Junge?
Der Junge heißt Lars

Die Radtour

Sven und Markus planen eine Radtour.

Sie wollen Sarah besuchen.

Schon nach wenigen Metern hat Sven Pech.

Er fährt über einige Glasscherben.

Sein Reifen ist platt

und sie müssen das Fahrrad zurück nach Hause schieben.

Was planen Sven und Markus?

Sie planen eine ______________________________.

Wen wollen Sven und Markus besuchen?

Sven und Markus wollen ____________________ besuchen.

Wer hat Pech?

____

Was macht den Reifen platt?

____

Die Titanic

Die Titanic ist ein berühmtes Schiff.

Es wurde vor etwa 100 Jahren gebaut.

Die Titanic war damals das größte Schiff auf der ganzen Welt.

Die Menschen dachten: Dieses Schiff wird nie untergehen!

Doch die Titanic sank schon bei ihrer ersten Fahrt.

Wie heißt das berühmte Schiff?

Das Schiff heißt ______________________________.

Wann wurde das Schiff gebaut?

Es wurde vor etwa ______________________ gebaut.

Was dachten die Menschen?

Die Menschen dachten: ______________________________

____

Wann ging die Titanic unter?

Die Titanic ging ______________________________

____ unter.

Seine Fußballschuhe sind schwarz.

Arne trägt eine gelbe Hose.

Auf der Hose ist eine blaue 1.

Sein Trikot ist blau.

Seine Haare sind schwarz.

Arne hat Sommersprossen.

Die Fußballschuhe sind schwarz.

Arne hat sich verletzt,

er hat ein Pflaster auf der Stirn.

Male oben rechts eine Sonne.

Eine dunkle Wolke

schiebt sich ein wenig vor die Sonne.

Am Himmel fliegen zwei schwarze Vögel.

Eine Igelmutter sitzt im Gras.

Sie beschnuppert eine Schnecke.

Zwei Igelkinder schauen zu.

Die Maus geht
ins Haus
und die Geschichte
ist aus.

Fred, der Wetterfrosch

Fred, der Frosch,
klettert frisch und munter
auf der Leiter rauf und runter.
Wird es schön,
steigt er nach oben,
will die tolle Sonne loben.

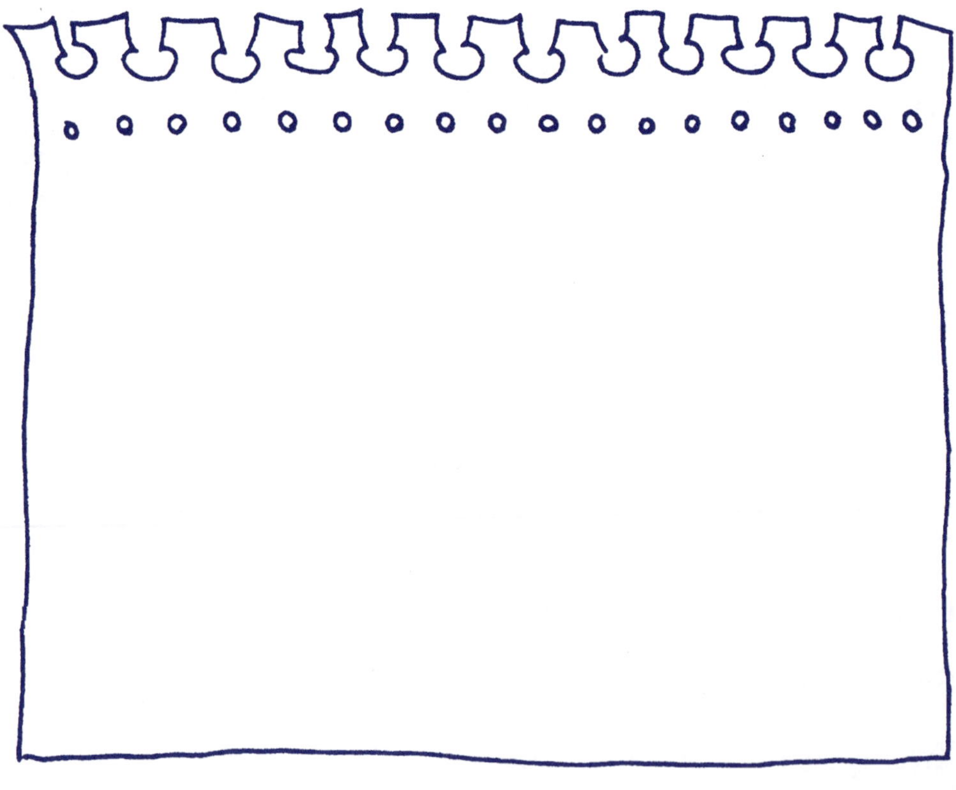

Sternschnuppe
zwei, drei Stück,
sollen bringen
dir viel Glück.

Kleeblatt
mit vier Blättern fein,
soll ebenfalls
dein Beschützer sein.

Schornsteinfeger
dir begegnet,
schon bist du
mit Glück gesegnet.

Peter packt seine Schwimmsachen.
Er nimmt eine Badehose und ein Handtuch mit.

Besuch bei Oma

Ellen besucht ihre Oma.
Ellen muss unbedingt ihren Teddy
und ihr Pferdebuch mitnehmen.
Sie darf auch ihre Inliner nicht vergessen.
Der Helm und die Knieschützer
sind auch noch wichtig.
Alles andere hat sie schon gepackt.

Was muss Ellen packen?

____

____

____

____

____

Hexe Jolandas Zaubertrank

Jolanda muss dazu 3 Ameiseneier
und Schleim von 2 Schnecken suchen.
7 Brennnesseln und 12 Tollkirschen
hat sie zum Glück noch vorrätig.
Ach ja, die 5 Krötenbeine
darf sie auch nicht vergessen.

Rezept: Zaubertrank

Liste:
Turnschuhe

Peter packt sein Turnzeug. Er nimmt seine Turnschuhe mit.

Rezept für Seifenblasen

Ein Eimer wird halb mit Wasser gefüllt.
Ein halbes Päckchen Tapetenkleister,
Zucker und Seife werden ins Wasser gegeben.
Mit einem Stock wird nun kräftig gerührt.
Das ganze muss 24 Stunden ruhen.

Du brauchst:

____

____

____

____

____

____

Geburtstagswünsche

Sven kann es kaum erwarten.
Noch siebenmal schlafen und dann hat er Geburtstag.
Von Oma wünscht er sich ein Buch über Flugzeuge.
Von seinen Eltern wünscht er sich einen Roller.
Tante Beate und drei Kinder aus seiner Klasse
hat er auch noch eingeladen.
Von ihnen wünscht er sich neue Filzstifte,
Hefte von Asterix und Obelix und Fußballschuhe.

Svens Wunschliste:

Augentraining und Gehirngymnastik

Gleich große Kreise
haben das gleiche Muster.
Male an.

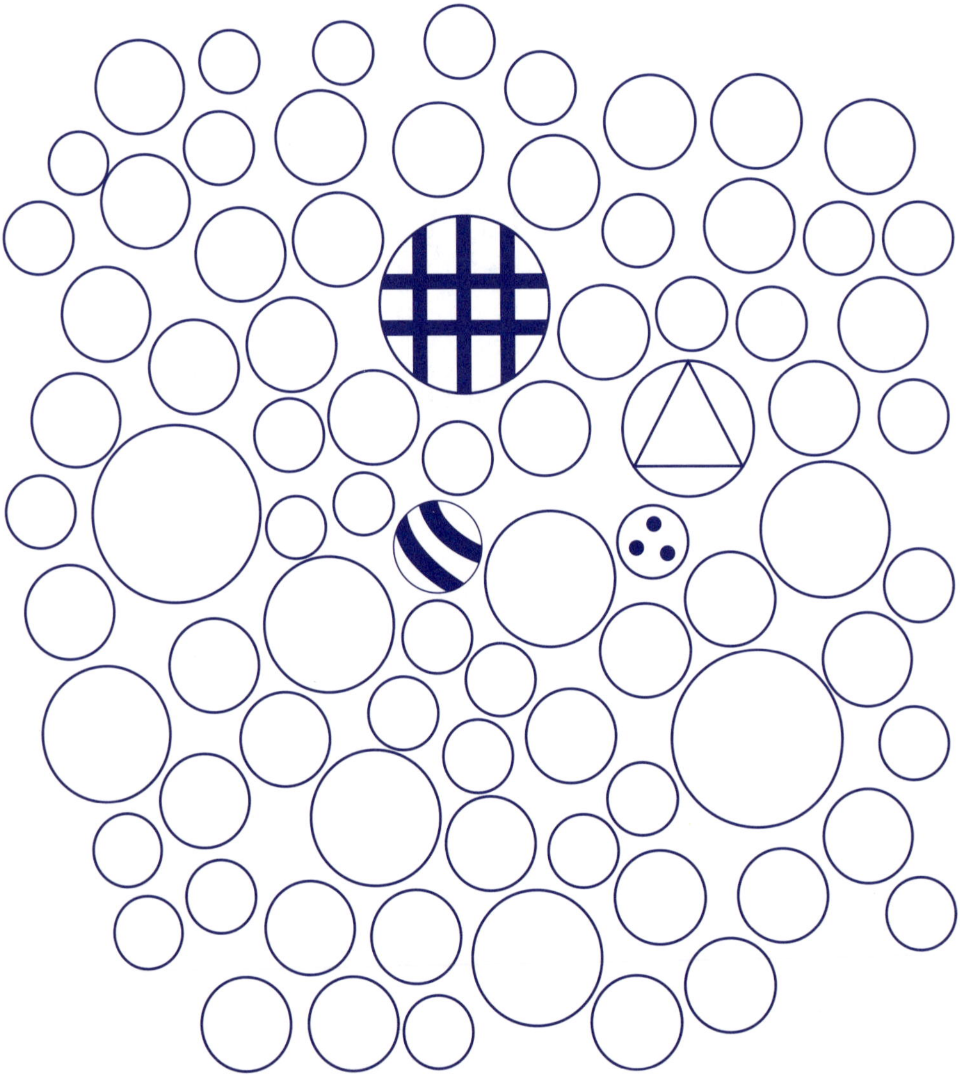

Augentraining und Gehirngymnastik

Suche alle M.

Kreise ein.

Tipp: Es sind 18 Stück.

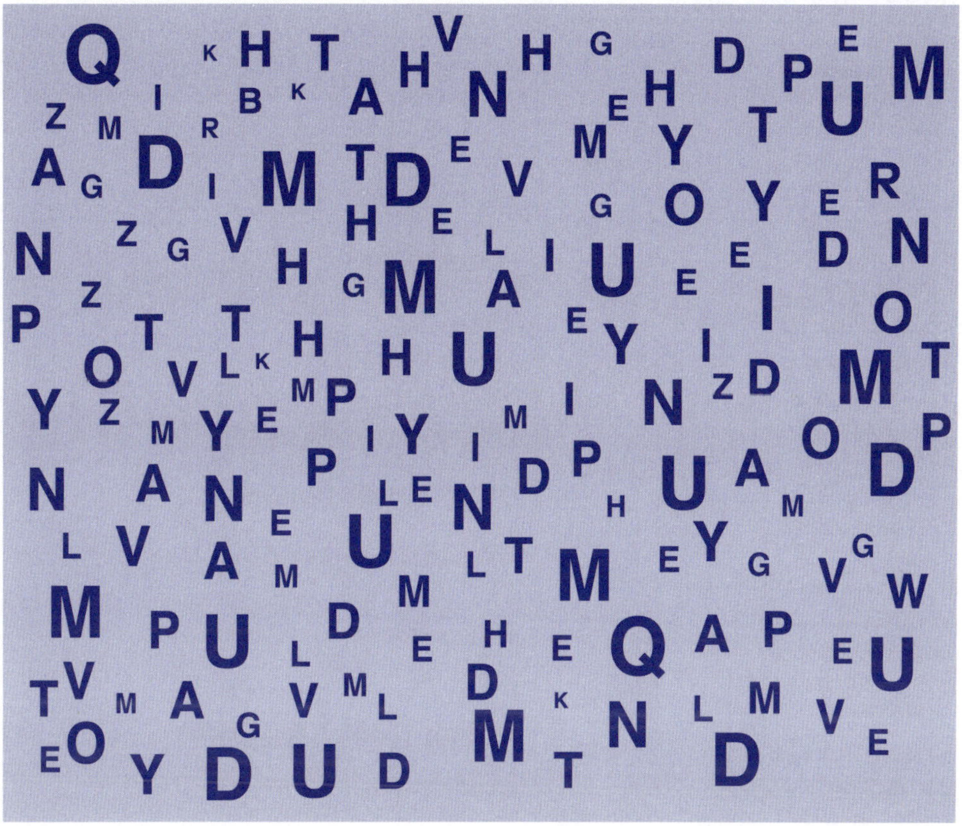

- [ ] etwas über Holz
- [x] etwas über Wolle
- [ ] etwas über Steine

In diesem Buch findest du …

- [ ] etwas über Seeräuber
- [ ] etwas über Tiere
- [ ] etwas über Fußball

- [ ] etwas zum Rätseln
- [ ] etwas zum Backen
- [ ] etwas zum Basteln

- [ ] etwas über Eisbären
- [ ] etwas über Dornröschen
- [ ] etwas über Autos

- [ ] etwas zu Spinnen
- [ ] etwas zu Hunden
- [ ] etwas zu Fischen

Welches Buch passt? Schreibe auf. **Tipp:** Die Bücher auf der linken Seite helfen dir.

Lina: „Ich suche etwas über Wolle.“

Buch: *Vom Schaf zur Wolle*

Jana: „Ich suche das Märchen Rapunzel.“

Buch: ______________________

Felix: „Wie viele verschiedene Haifischarten gibt es?“

Buch: ______________________

Martin: „Ich möchte eine spannende Geschichte über Seeräuber lesen.“

Buch: ______________________

Tanja: „Ich möchte mir ein Windrad aus Papier basteln.“

Buch: ______________________

Monika: „Sind Seepferdchen Fische?“

Buch: ______________________

Super, du hast den Test geschafft! Schätze deine Leistung ein (K). Dann soll dein Lehrer dich einschätzen (L).

K:	L:
🙂	🙂
😐	😐
🙁	🙁

Ein *Orkan* ist ein starker Sturm.
Er kann Bäume entwurzeln.

Vulkan	Orkan	Blitz

Ein ______________________ entsteht,

wenn es regnet und dabei die Sonne scheint.

Regenbogen	Film	Haus

Ameisen sind nützliche Tiere und leben in

______________________.

Teichen	Höhlen	Ameisenhaufen

Fliegenpilze darf man nicht essen,

denn sie sind ______________________.

traurig	giftig	müde

Die ______________________ ist ein kleines Tier.

Trotzdem haben manche Menschen Angst vor ihr.

Elefant	Giraffe	Maus

Es ist wichtig, einen ______________________

anzuziehen. Er schützt deinen Kopf.

Rucksack	Fahrradhelm	Wanderstock

Was passt?
Kreuze an.

Klaus streicht sein Fahrrad rot.

- ☐ Sie liebt blau.
- ☐ Es liebt silber.
- ☒ Er liebt rot.

Die Blaumeise ist ein Vogel.

- ☐ Es hat ein dichtes Fell.
- ☐ Sie hat ein blaues Köpfchen.
- ☐ Er hat vier Beine.

Der Blauwal ist das größte Tier auf der Erde.

- ☐ Sie lebt in Höhlen.
- ☐ Er ist größer als ein Elefant.
- ☐ Es frisst Schokolade.

Hurra, die Sonne scheint. Karin springt in den Badeanzug.

- ☐ Es wird ihm gelingen.
- ☐ Er besorgt sich einen Regenschirm.
- ☐ Sie will heute schwimmen gehen.

Die Schule ist aus. Iris wirft den Ranzen in die Ecke.

- ☐ Endlich kann sie mit ihren Hund spielen.
- ☐ Blau ist seine Lieblingsfarbe.
- ☐ Körner sind sein Lieblingsessen, denn er ist ein Nagetier.

Super, du hast den Test geschafft! Schätze deine Leistung ein (K). Dann soll dein Lehrer dich einschätzen (L).

Male dem Bären Sommersprossen.

Male den kleinen Bären braun.

Er hat eine rote Schleife auf dem Kopf.

Male dem mittleren Bären eine Perlenkette.

Der große Bär trägt einen schwarzen Hut.

Er hat eine Brille mit runden Gläsern.

Bruno schnurrt und liegt gerne in der Sonne.

Bruno hat Angst vor Konrad.

Konrad hat keine Angst vor Bruno und hoppelt immer auf ihn zu.

Komischerweise hat Bruno jedoch keine Angst vor Elvira, obwohl sie doch viel größer ist und oft so laute Geräusche von sich gibt.

Das habe ich geschafft!